El poder de la información : herramientas y métodos OSINT en la práctica de la investigación privada

Título : El poder de la información - herramientas y métodos OSINT en la práctica de la investigación privada

Autor : Bruno Aguiar Valadão

Édition : BoD - Books on Demand, info@bod.fr

Impression : BoD - Books on Demand, In de Tarpen 42, Norderstedt (Allemagne)

Impression à la demande

Año de publicación : 2024

ISBN : 978-2-3225-4282-6

Dépôt légal : juillet 2024

Derechos de autor :

© 2024 Bruno Aguiar Valadão. Todos los derechos reservados.

Prohibida la reproducción total o parcial :

Prohibida la reproducción total o parcial de este libro, su almacenamiento en un sistema de recuperación o su transmisión en cualquier forma o por cualquier medio, ya sea electrónico, mecánico, fotocopia, grabación o de cualquier otra manera, sin el permiso previo por escrito del autor.

Diploma de Extensión Universitaria de Detective Privado

Ciencias de la seguridad (CISE) | Universidad de Salamanca

Trabajo de fin de grado

El poder de la información : herramientas y métodos OSINT en la práctica de la investigación privada

Autor : Bruno Aguiar Valadão

Tutor : Juan Carlos Valle Vicente

2024

Agradecimientos

Quisiera agradecer

*al **Sr. Juan Carlos Valle Vicente** por su interés en este tema y su soporte impecable,*

*al **Sr. Miguel Ángel Martin**, que nos prestó un apoyo administrativo indispensable,*

*a mi **familia** por su apoyo incondicional y en particular a mi madre, **Mônica**, sin la cual nunca hubiera podido concluir este curso,*

*a **Elisabeth** por transmitirme su pasión por el Derecho y por su paciencia,*

*a **Joaquim**, que ilumina mis días (y mis noches),*

*a todos mis **amigos** por su presencia y sus ánimos,*

*a todos mis compañeros de **LOZEN AVOCATS** y a todos los profesionales del derecho que trabajan cada día para sacar a la luz la verdad.*

*Para ti, **Annie**, que ya me has enseñado tanto.*

Índice de contenido

INTRODUCCIÓN   7

    I – Fundamentos teóricos del OSINT   10

       1.1 Raíces, orígenes y contexto general   *10*
       1.2 Conceptos básicos del OSINT   *16*
       1.3 Bases jurídicas y restricciones legislativas   *23*
       1.4 Datos confidenciales obtenidos de fuentes abiertas   *29*
       1.5 Límites impuestos por el juez   *31*

    II - Aplicaciones prácticas   37

       2.1 Colaboración multidisciplinaria   *38*
       2.2 Colaboración con el Estado y las fuerzas del orden   *40*
       2.3 Mas que técnicas, un estado de animo   *44*
       2.4 Estructuración de metodologías armonizadas   *46*
       2.5 Desarrollo exponencial de herramientas   *48*
       2.6 Ejemplos concretos   *63*

CONCLUSIONES   74
BIBLIOGRAFÍA   77

Introducción

"Veritas liberabit vos"[1]

En el contexto actual de la investigación privada, constatamos que la recopilación de información de fuentes abiertas ha adquirido una relevancia significativa.

Las investigaciones en fuentes abiertas efectivamente han transformado nuestra profesión de detective privado gracias a herramientas poderosas que permiten realizar investigaciones más profundas y completas, minimizando al mismo tiempo la violación del derecho al honor y a la privacidad de las personas investigadas.

Este trabajo de fin de grado se centra en el concepto y la práctica del OSINT *(Open Source Intelligence)*, una metodología que permite a nosotros los detectives privados recopilar datos de fuentes accesibles al público de manera eficiente y legal.

Este trabajo se estructura en dos grandes partes : los fundamentos teóricos y las aplicaciones prácticas.

En la primera parte, exploraremos los orígenes y la evolución del OSINT, así como los conceptos básicos, destacando su adopción por parte de nuestra profesión y su impacto en la práctica investigativa.

---

1 Versículo 8:32 del Evangelio de Juan

Analizaremos también las bases jurídicas y las restricciones legislativas relevantes, como las leyes de privacidad y de protección de datos.

En la segunda parte, nos enfocaremos en las aplicaciones prácticas del OSINT, con un enfoque en su versatilidad y utilidad en diversos contextos.

Exploraremos la cooperación entre diferentes disciplinas, permitiendo a profesionales de diversos campos trabajar juntos en favor del desarrollo de técnicas y herramientas especializadas.

Analizaremos la metodología OSINT desde una perspectiva que va más allá de las técnicas, presentándola como un estado de ánimo que implica curiosidad, persistencia y una atención meticulosa al detalle.

A continuación, presentaremos el desarrollo exponencial de las metodologías armonizadas del OSINT y de sus herramientas, analizando cómo el rápido avance tecnológico ha facilitado la automatización de la recopilación de datos de fuentes abiertas.

Finalmente, ilustraremos con ejemplos concretos el uso de técnicas OSINT, en los que estas técnicas han sido utilizadas con éxito.

El enfoque que he querido dar a este trabajo es, por tanto, práctico : espero poder proporcionar información, técnicas y consejos útiles a nuestros colegas detectives, siempre con vistas a contribuir a la eficacia de nuestras intervenciones, respetando al mismo tiempo la intimidad y el honor de todas las personas afectadas por nuestras investigaciones.

***

I – Fundamentos teóricos del OSINT

En esta primera parte, comenzaremos explorando los **orígenes y el contexto general del OSINT (1.1)**, seguido de su evolución y adopción por nuestra profesión.

En seguida, revisaremos los **conceptos básicos y definiciones (1.2)** esenciales del ámbito OSINT.

En Seguida, nos enfocaremos en los conceptos y las normas que determinan el valor probatorio de la información obtenida de fuentes abiertas gracias a un análisis de las **bases jurídicas (1.3)** y restricciones legislativas relevantes, tales como leyes de privacidad y de protección de datos.

Nos centraremos de manera mas especifica en la responsabilidad y la ética del detective privado en relación con la **obtención de datos confidenciales (1.4).**

Finalmente, abordaremos los **límites impuestos por los jueces (1.5),** incluyendo los principales criterios de admisibilidad de pruebas en juicio.

1.1 Raíces, orígenes y contexto general

Hoy en día, no hay ninguna duda de que el OSINT es uno de los métodos de investigación más desarrollados en el campo de la investigación privada y de la inteligencia económica.

El OSINT se ha convertido efectivamente en una disciplina completamente estructurada y enseñada en casi todas las escuelas de detectives privados y universidades españolas y europeas.

En la practica, podemos constatar que los detectives privados de todo el mundo han adoptado estos métodos de investigación.

A veces, se recurre al OSINT sin que el investigador siquiera se dé cuenta de que está utilizando una técnica de OSINT propiamente dicha.

Esto se debe a que el OSINT se traduce simplemente como une <u>metodología de investigación en fuentes abiertas.</u>

Se trata entonces de recopilar, analizar y utilizar información de fuentes públicas.

Además, el OSINT se destaca por su aplicabilidad en múltiples contextos (seguridad nacional, periodismo, policía, mundo empresarial y económico, etc…).

Así, si el OSINT representa hoy una de las principales herramientas de trabajo del detective privado, también es de gran utilidad para otros cuerpos profesionales.

Esto, además, es lo que constituye la fuerza del OSINT : su capacidad de <u>interesar y reunir diferentes profesiones</u> en torno a su desarrollo actual.

Aunque el concepto moderno del OSINT está estrechamente ligado al desarrollo tecnológico y la era digital, los orígenes del OSINT se remontan a la antigüedad.

Se dice que Sun Tzu, el famoso estratega militar chino del siglo V a.c. y autor de *"El Arte de la Guerra"*, fue uno de los primeros en conceptualizar la importancia de la inteligencia de fuentes abiertas.

De hecho, cuando leemos las obras literarias de Sun Tzu nos damos cuenta que ya se reconocía la necesidad de compilar información sobre el enemigo a través de fuentes públicas para preparar una estrategia militar.

Además, es curioso observar que la filosofía de *"El Arte de la Guerra"* suele ser aplicada hoy en día en diversos ámbitos profesionales[2], especialmente en el mundo empresarial.

Del mismo modo, estas técnicas de información de fuentes abiertas y espionaje publico eran practicas comunes tanto en asuntos militares como políticos en la antigua Roma[3].

---

2 El arte de la guerra aplicado a la administración, 2011, Jairo Humberto Guarín Echeverri, Juan Camilo López Hincapié, Natalia Maldonado Jaramillo : https://repository.udem.edu.co/bitstream/handle/11407/415/El%20arte%20de%20la%20guerra%20aplicado%20a%20la%20administraci%F3n.pdf?sequence=1

3 Inteligencia de fuentes abiertas (OSINT) : características, debilidades, engaño, 2019, Yago Rodríguez : https://www.seguridadinternacional.es/?q=es/content/inteligencia-de-fuentes-abiertas-osint-caracter%C3%ADsticas-debilidades-y-enga%C3%B1o

Los romanos recopilaban información de fuentes abiertas, como cartas abiertas, conversaciones públicas y rumores, para obtener informaciones sobre las intenciones de sus enemigos y advérsales políticos.

Sin embargo, la formalización actual del OSINT como disciplina comenzó durante la Segunda Guerra Mundial[4] con los servicios de inteligencia militar de los países en conflicto recolectando información de fuentes abiertas para informar sus decisiones militares[5].

Durante la Guerra Fría, el OSINT se estableció como una de la principales herramientas de inteligencia militar y política.

Constatamos también que el desarrollo actual del OSINT está estrechamente vinculado al de las nuevas tecnologías.

De hecho, la transformación digital y el advenimiento de Internet revolucionaron el mundo del OSINT, haciendo de las fuentes abiertas disponibles en línea una mina de oro para nosotros que somos [o seremos] investigadores privados.

El desarrollo y la popularización de las herramientas tecnológicas han tenido como consecuencia beneficiosa

---

4 Introducción e historia del OSINT, 2023, IUCPOL : https://iucpol.com/evolucion-osint-inteligencia-iucpol/

5 Introducción e historia del OSINT, 2023, IUCPOL : https://iucpol.com/evolucion-osint-inteligencia-iucpol/

facilitar el acceso a la información, la cual, por cierto, es cada vez más abundante y masiva.

La evolución tecnológica efectivamente ha democratizado el acceso a la información de una manera sin precedentes.

La democratización de Internet y el desarrollo de las redes sociales, una gran cantidad de datos disponibles públicamente ha sido generada.

Las técnicas de OSINT se benefician de estos avances al permitir a nosotros, investigadores privados, acceder a una amplia gama de fuentes de información en línea.

La digitalización de la sociedad también ha dado lugar a nuevas herramientas al servicio del OSINT : los motores de búsqueda avanzados, las herramientas de análisis de datos y los *softwares* de monitorización de redes sociales son solamente algunos de las diversas herramientas básicas a nuestra disposición, nos permitiendo acceder y analizar grandes volúmenes de información en tiempo real.

En el mismo sentido, la era digital ha acelerado la transmisión de información con una interconexión global.

Podemos, de hecho, constatar que la informaciones se propagan mundialmente y rápidamente a través de plataformas en línea, lo que nos proporciona la capacidad de monitorear y analizar eventos en tiempo real gracias al OSINT.

Dado los claros beneficios del OSINT, en relación con la identificación y la recopilación de información, no hace falta decir que nosotros, [futuros] detectives privados, somos actores principales en el sector de la investigación en fuentes abiertas.

Las técnicas y la metodología OSINT fueran naturalmente adoptados de manera generalizada por nuestra profesión causando una <u>verdadera transformación del panorama de la investigación privada</u> y permitiendo a los detectives obtener información relevante de manera mucho mas rápida y mas eficaz.

Antes del desarrollo reciente del OSINT, los detectives privados dependían más de métodos de investigación clásicos, como la vigilancia física y las entrevistas, lo que a menudo los obligaba a adentrarse en la esfera privada de las personas investigadas o involucradas en la investigación.

Con la aparición y el desarrollo del OSINT y el acceso a una gran cantidad de información disponible en línea, podemos ahora realizar investigaciones de manera más eficiente y exhaustiva, mientras se basan en fuentes abiertas y, por lo tanto, <u>limitan la intrusión en la vida privada de las personas involucradas</u>.

El OSINT nos permite efectivamente acceder a una amplia gama de fuentes de información, como redes sociales, bases de datos públicas, registros gubernamentales y noticias en línea, entre otras.

Por lo tanto, la relevancia legal del OSINT en la investigación privada es innegable.

La información obtenida a través de fuentes abiertas puede ser fácilmente utilizada como evidencia en juicios, disputas comerciales y otras situaciones legales.

Sin embargo, y como veremos más adelante, quedamos como profesionales de la investigación privada, <u>obligados a cumplir ciertas reglas de acceso y recopilación de datos, incluso si están disponibles en fuentes abiertas.</u>

1.2 Conceptos básicos del OSINT

El OSINT se compone de informaciones obtenidas exclusivamente de fuentes abiertas, las cuales son, en principio, <u>accesibles al público sin restricciones.</u>

Concretamente, y a titulo de ejemplo, se tratan de informaciones o contenidos disponibles en :

- sitios web públicamente accesibles ;

- medios de comunicación publica como artículos de noticias, blogs, revistas digitales, etc. ;

- redes sociales ;

- registros públicos y base de datos públicos que almacenan documentos como registros de empresas, certificados de nacimiento y defunción, registros de propiedad, bases de datos de patentes, etc. ;

- foros y comunidades en línea.

Contrariamente a la información de fuentes abiertas, la información privada obtenida de fuentes cerradas se refiere a datos que no están disponibles para el público en general y que <u>requieren permisos específicos para acceder.</u>

Se tratan, por ejemplo, de :

- documentos corporativos internos a una organización, como informes financieros, correos electrónicos, base de datos comerciales, listas de clientes, etc. ;

- comunicaciones privadas, como mensajes de texto, llamadas telefónicas, correspondencias personales, etc. ;

- documentos gubernamentales clasificados o protegidos, como informes de inteligencia, documentos militares, archivos clasificados, etc. ;

- sistemas de información internos, como softwares y bases de datos internos de una organización privada o publica que requieren credenciales de acceso.

En este trabajo de fin de grado, nos centraremos en la metodología de recogida y tratamiento de informaciones de fuentes abiertas, la cual presenta varios desafíos debido a la vasta cantidad de datos disponibles públicamente.

Aunque la accesibilidad de esta información es una ventaja significativa, su volumen puede ser abrumador, lo que dificulta la identificación de datos relevantes y precisos.

La eficacia de una investigación mediante OSINT se requieren competencias avanzadas de investigación para filtrar, analizar y validar la información obtenida mediante al OSINT.

Por esta razón, se están desarrollando numerosas técnicas y metodologías especializadas para optimizar la búsqueda y el tratamiento de la información en este campo, asegurando que los datos recolectados sean útiles y confiables.

El enfoque OSINT nos ofrece diversos tipos[6] de fuentes abiertas disponibles en la web.

---

6 OSINT (Inteligencia de Fuentes Abiertas) : tipos, métodos y salidas profesionales, 2024, LISA Institute : https://www.lisainstitute.com/blogs/blog/osint-inteligencia-fuentes-abiertas

Pensamos ante todo en los sitios web.

Evidentemente los sitios web oficiales de organizaciones, empresas y gobiernos, los cuales contienen una gran cantidad de información útil.

Los blogs personales y profesionales también son fuentes valiosas de información.

Del mismo modo, las redes sociales son ricas en información actualizada, que incluye desde anuncios corporativos hasta opiniones personales y actividades de individuos.

Las redes sociales son particularmente útiles para el seguimiento de tendencias y análisis de comportamientos de un grupo de investigados o de una persona investigada en particular.

Permiten también monitorear en tiempo real lo que se está discutiendo, identificar influenciadores clave y entender la percepción de una persona, o de un grupo de personas, sobre determinados temas.

En cuanto a los registros públicos, estamos ante una verdadera mina de oro para nosotros investigadores ya que nos ofrecen, abiertamente, informaciones gubernamentales y datos valiosos.

Algunos de estos registros están disponibles en línea y ofrecen datos verificables muy rápidamente.

Se trata entonces de una fuente abierta que proporciona informaciones solidas y confiables sobre la que se puede construir un análisis más profundo.

Estas son las fuentes más tradicionales de información abierta.

Sin embargo, algunas fuentes de información abierta también pueden encontrarse en fuentes más atípicas, como en la *dark web*.

De hecho, las fuentes de información accesibles mediante OSINT son variadas, desde las más tradicionales hasta las menos convencionales.

La *dark web* es una parte de la web profunda (*deep web*) que no está indexada por los motores de búsqueda estándar y requiere, para acceder, *software* especial, como *Tor*[7].

Aunque la *dark web* es conocida por actividades ilegales, he constatado que es fuente de información relevante para la investigación privada y incluso otras áreas, ya que, en la *dark web*, podemos encontrar foros de discusión, mercados negros, y bases de datos filtradas que no están disponibles en la web superficial.

Además, mientras que una gran cantidad de información es fácilmente accesible en línea sin ningún conocimiento específico de tecnologías de información o de hacking, muchas fuentes de información pueden ser accesibles

---

7 https://www.torproject.org/fr/download/

públicamente utilizando algunas técnicas especificas que veremos mas adelante.

Las técnicas de *Google Dorks*[8], por ejemplo, permiten al detective encontrar información que normalmente no se mostraría fácilmente mediante un motor de búsqueda u otros medios.

Del mismo modo, una amplia gama de herramientas y técnicas (análisis inverso de imágenes, inspección del código fuente de las páginas web, etc.) nos permiten como detectives ampliar el alcance de la información accesible públicamente.

La obtención de pruebas mediante OSINT presenta características y beneficios distintos en comparación con los métodos tradicionales de recopilación de información.

A este respecto, podríamos destacar, la <u>accesibilidad y el bajo costo de las investigaciones OSINT</u>, ya que las informaciones de fuentes abiertas se extraen por cualquier profesional (o por cualquier persona que tiene conocimientos en las técnicas y metodologías OSINT) con acceso a internet sin incurrir en costos significativos.

De hecho, veremos mas adelante que diversas herramientas gratuitas o de bajo costo están disponibles para ayudar en la búsqueda y el análisis de datos.

---

[8] Google Dorks te ayuda a encontrar información sobre ti en la Red, 2023, INCIBE : https://www.incibe.es/ciudadania/blog/google-dorks-te-ayuda-encontrar-informacion-sobre-ti-en-la-red

Ya los métodos de investigación tradicionales, como la vigilancia física, las entrevistas directas, y las investigaciones encubiertas, suelen ser más costosos y requieren más recursos, principalmente humanos.

Estos métodos pueden, por ejemplo, implicar gastos de desplazamiento, contratación de personal especializado, y adquisición de equipos específicos.

Además, estos métodos pueden, en ciertos casos, exigir permisos legales y implicar riesgos de seguridad.

Vale también destacar la <u>rapidez de la recopilación de datos mediante OSINT</u>, especialmente cuando se utilizan herramientas automatizadas que pueden rastrear y analizar grandes volúmenes de información en tiempo real.

Los métodos tradicionales tienden a ser más lentos debido a la necesidad de coordinación logística y la naturaleza manual del trabajo de campo.

Por ejemplo, realizar entrevistas o montar una vigilancia requiere planificación y tiempo, lo que puede retrasar la obtención de resultados.

Del mismo modo, el <u>alcance de le metodología de investigación OSINT es prácticamente ilimitado</u>, ya que puede abarcar información de todo el mundo siempre que esté disponible en línea.

Por otro lado, el alcance de los métodos tradicionales está limitado por factores geográficos y logísticos.

Sin embargo, destacaremos una de las principales desventajas de las informaciones obtenidas mediante el OSINT, que es la necesidad constante de verificar la veracidad de la información.

La gran cantidad de los datos disponibles públicamente incluye información errónea o sesgada, por lo que debemos aplicar técnicas rigurosas de validación para asegurarnos de la precisión y de la veracidad de los datos.

A este respecto, los métodos tradicionales suelen producir información más verificable y directa, ya que los datos se obtienen de manera controlada y específica.

1.3 Bases jurídicas y restricciones legislativas

A pesar de tratarse de información pública, la recogida y el tratamiento de la información mediante OSINT están sujetas a diversas leyes y normativas tanto a nivel nacional como europeo que buscan proteger la privacidad y la intimidad, los datos personales y los derechos de autor.

Por lo tanto, antes de abordar cualquier método de obtención de información en fuentes abiertas, es crucial que entendamos los límites legales que regulan la recopilación por medio del OSINT.

Los principales cuerpos jurídicos[9] que regulan la obtención y publicación de información son la Constitución Española, el Código Civil, el Código Penal y las leyes de protección de datos tanto europeas como nacionales.

Según la jerarquía jurídica que rige el tratamiento de la información pública comienza, por supuesto, con la Constitución Española del 31 de octubre de 1978[10].

Se trata evidentemente de la norma suprema que establece los derechos y libertades fundamentales de los ciudadanos residentes en España.

En el contexto de la obtención de información por vía del OSINT, destacaremos el *"derecho a la información"* (artículo 20 de la Constitución), lo cual garantiza el derecho a recibir y comunicar libremente información veraz por cualquier medio de difusión.

Sin embargo, y evidentemente, este derecho debe ejercerse respetando otros derechos de terceros, como el honor, la intimidad y la propia imagen los cuales son garantizados

---

9 Limites legales en la obtención de información de fuentes abiertas, 2021, Daniel Juanes Fernández : https://www.sec2crime.com/2021/01/17/limites-legales-en-la-obtencion-de-informacion-de-fuentes-abiertas/

10 https://www.boe.es/legislacion/documentos/ConstitucionCASTELLANO.pdf

principalmente por el articulo 8 del Convenio Europeo de Derechos Humanos (CEDH) y 18 de la Constitución.

En cuanto al derecho a la intimidad (artículo 18 de la Constitución), aunque la información publicada en fuentes abiertas implica un cierto grado de renuncia a la privacidad, esto no permite la invasión continua de la vida privada de una persona.

En seguida, el Código Civil español regula las relaciones entre particulares (ciudadanos y/o empresas).

Aunque el Código Civil[11] no contenga disposiciones específicas sobre la obtención de información en fuentes abiertas, establece principios generales como el respeto a la buena fe y la conducta diligente consagrado por el artículo 7 del Código Civil.

Con base en estas disposiciones, los actos de recopilación de información deben realizarse de manera honesta y respetuosa, evitando cualquier forma de engaño o abuso.

El Código Penal[12] español también contribuye a regular la actividad OSINT ya que allí están tipificadas conductas que pueden constituir delitos en el contexto de la obtención de información, incluso en fuentes abiertas.

---

11 https://www.boe.es/buscar/act.php?id=BOE-A-1889-4763

12 https://www.boe.es/buscar/act.php?id=BOE-A-1995-25444

En su artículo 197, se prohíbe y sanciona la publicación o difusión de información obtenida sin el consentimiento del interesado :

> *"1. El que, para descubrir los secretos o <u>vulnerar la intimidad de otro</u>, sin su consentimiento, se apodere de sus papeles, cartas, mensajes de correo electrónico o cualesquiera otros documentos o efectos personales, intercepte sus telecomunicaciones o <u>utilice artificios técnicos</u> de escucha, transmisión, grabación o reproducción del sonido o de la imagen, o de cualquier otra señal de comunicación, será castigado con las penas de prisión de uno a cuatro años y multa de doce a veinticuatro meses.[...]"*

De manera mas especifica, las normas relativas a la protección de datos regulan los métodos de recopilación, almacenamiento y difusión de información personal.

En España, se aplican tanto las normativas nacionales como las europeas.

El Reglamento General de Protección de Datos (RGPD[13]) establece que los datos personales deben ser tratados de manera lícita, leal y transparente.

Requiere el consentimiento explícito del individuo para la recopilación y procesamiento de sus datos, salvo en ciertos

---

13 https://www.boe.es/doue/2016/119/L00001-00088.pdf

casos excepcionales, cuando el RGPD reconozca la legitimidad del tratamiento de datos.

En cuanto a la legitimidad del tratamiento de datos recopilados en el ámbito de una investigación privada, es necesario evaluar si se cumplen los principios establecidos en el articulo 6.1 del RGPD, lo cual establece las bases legales para el tratamiento de datos personales :

"El tratamiento solo será lícito si se cumple al menos una de las siguientes condiciones :

a) el interesado dio su <u>consentimiento</u> para el tratamiento de sus datos personales para uno o varios fines específicos ;

b) el tratamiento es necesario para la <u>ejecución de un contrato</u> en el que el interesado es parte o para la aplicación a petición de este de medidas precontractuales ;

c) el tratamiento es necesario para el <u>cumplimiento de una obligación</u> legal aplicable al responsable del tratamiento ;

d) el tratamiento es necesario para <u>proteger intereses vitales</u> del interesado o de otra persona física ;

e) el tratamiento es necesario para el cumplimiento de una misión realizada en <u>interés público</u> o en el ejercicio de poderes públicos conferidos al responsable del tratamiento ;

f) el tratamiento es necesario para la satisfacción de intereses legítimos perseguidos por el responsable del tratamiento o por un tercero, siempre que sobre dichos intereses no prevalezcan los intereses o los derechos y libertades fundamentales del interesado que requieran la protección de datos personales, en particular cuando el interesado sea un niño."

La Ley Orgánica de Protección de Datos Personales y Garantía de los Derechos Digitales (LOPDGDD[14]) complementa el RGPD en España, especificando cómo se deben proteger los datos personales y los derechos digitales de los ciudadanos.

Por fin, las disposiciones relativas al derecho a la propia imagen y la privacidad de las comunicaciones son aspectos clave en relación con el OSINT.

La misma LOPDGDD dispone que la imagen de una persona no puede ser captada, reproducida ni publicada sin su consentimiento, salvo en situaciones excepcionales como eventos públicos.

Las interpretaciones judiciales y la doctrina (las cuales veremos mas adelante) también juegan un papel crucial en la definición de los límites legales del uso de las técnicas y metodología OSINT.

Analizando estos textos constitucionales y legales, ya podemos decir que la obtención de información en fuentes

---

14 https://www.boe.es/buscar/act.php?id=BOE-A-2018-16673

abiertas debe realizarse dentro de un marco legal que respete los derechos fundamentales, las leyes de protección de datos y los principios de buena fe y diligencia.

Aunque la información pública está generalmente exenta de restricciones especificas de acceso, su uso y difusión requieren un manejo cuidadoso y ético que garantiza la protección de la privacidad y los datos personales de los investigados.

1.4 Datos confidenciales obtenidos de fuentes abiertas

En el ámbito de la investigación privada, podemos enfrentarnos a la posibilidad de encontrar datos confidenciales, inadvertidamente accesibles a través de fuentes abiertas.

Los datos confidenciales, aunque disponibles en fuentes abiertas, no pierden su carácter confidencial.

Aunque la información se almacene en una fuente abierta al público, debemos considerar el marco jurídico aplicable a la información confidencial.

En conformidad con el RGPD y la LOPDGDD, y incluso si los datos confidenciales son accesibles en fuentes abiertas, su tratamiento y procesamiento debe cumplir con las bases legales establecidas, como el interés legítimo o la necesidad contractual.

Pero por encima de todo, el articulo 197[15] del Código Penal sanciona el acceso, la revelación o la difusión de datos confidenciales sin autorización como delito.

En la práctica, esto significa que la información que una persona ha divulgado involuntariamente o indebidamente en línea, y que está claramente identificada como confidencial, está cubierta por la aplicación del artículo 197 del Código Penal.

En tal situación, tendremos como detectives privados que asegurarnos de que nuestro cliente tiene un interés legítimo en recoger o tratar la información confidencial identificada.

Más allá de nuestras obligaciones legales, recordamos que estamos sujetos a normas y obligaciones éticas.

Muchas de las reglas del código deontológico de la Asociación Profesional de Detectives Privados de España (APDPE) podrían aplicarse claramente a la situación de recopilación de datos confidenciales encontrados en fuentes abiertas.

En su artículo 8, nuestro código nos recuerda que debemos siempre cumplir con las leyes de protección de datos vigentes, actuar con rectitud y no divulgar información confidencial sin autorización.

---

15 https://www.conceptosjuridicos.com/codigo-penal-articulo-197/

Por lo tanto, como futuros investigadores privados, debemos estar conscientes de que la gestión de datos confidenciales obtenidos de fuentes abiertas requiere un balance delicado entre el interés legítimo de nuestro cliente, el cumplimiento de las leyes de protección de datos y el mantenimiento de altos estándares éticos.

Actuar con integridad y responsabilidad no solo protege a los individuos investigados, sino que también fortalece la reputación y credibilidad de nuestra profesión.

1.5 Límites impuestos por el juez

En España, la admisibilidad de pruebas obtenidas mediante OSINT está determinada por una serie de principios generales y criterios que aseguran la legalidad y la fiabilidad de la información presentada en un proceso judicial.

Estos principios y criterios son fundamentales para que las pruebas sean aceptadas y consideradas válidas por los tribunales.

Incluso antes de considerar los criterios de legalidad de las pruebas obtenidas por OSINT, la investigación en cuestión debe, en su conjunto, cumplir favorablemente con los criterios definidos por la jurisprudencia establecida en este ámbito, siguiendo el ejemplo de la decisión del STSJ de Madrid, sala de lo social, de 10 de abril de 2003, es decir :

- la razonabilidad del proyecto de investigación, y en particular si existe una sospecha objetiva, real y seria de ilegalidad por parte del investigado ;

- la necesidad de la investigación, y en particular el carácter subsidiario de la investigación privada ya que el detective debe asegurarse de que no existen otros métodos menos invasivos para ejercer el derecho a la prueba de su cliente ;

- la idoneidad de los métodos y herramientas de investigación, y en particular si los métodos de investigación utilizados son adecuados y coherentes con la situación investigada ;

- la proporcionalidad de la investigación, y en particular si la utilización de herramientas y la recopilación de la información son estrictamente necesarias y durante un tiempo limitado y necesario para el ejercicio del derecho a la prueba.

En relación mas directa con el OSINT, los tribunales españoles velan por el cumplimiento de otros principios[16] más específicos, a saber :

---

[16] La prueba digital producto de la vigilancia secreta: obtención, admisibilidad y valoración en el proceso penal en España y Colombia, 2021, Lorenzo Mateo Bujosa Vadell, Mónica María Bustamante Rúa,

- la legalidad de la prueba obtenida mediante OSINT[17] : las pruebas deben ser obtenidas conforme a la ley, lo que implica que la recopilación de datos debe respetar las normativas vigentes sobre protección de datos personales y la privacidad. La LOPDGDD y el RGPD son esenciales en este contexto ;

[Por ejemplo, el uso de servidores VPN para acceder a datos desde una dirección extranjera que estaría prohibida en Europa por el RGPD podría ser impugnado por los tribunales.]

- la proporcionalidad del método OSINT utilizado : las herramientas y técnicas OSINT deben haberse utilizado de manera proporcionada a los objetivos de la investigación ;

[Por ejemplo, el uso de técnicas de piratería informática para acceder a información no indexada en los motores de búsqueda y que no estaba destinado a ser pública (pero que fue publicada inadvertidamente) podría ser cuestionado por los jueces.]

Luis Orlando Toro Garzón : https://www.redalyc.org/journal/6739/673972089016/html/

17 La Valoración de la Prueba Electrónica, 2018, Ángela Luo Qiu : https://repositorio.comillas.edu/xmlui/bitstream/handle/11531/20814/TFG%20-Luo%20Qiu%2C%20Angela.pdf?sequence=1#:~:text=

- la necesidad de la prueba obtenida mediante OSINT : las pruebas obtenidas en fuentes abiertas deben siempre ser necesarias para el caso. Si la información puede ser obtenida por medios menos invasivos, esos deben ser preferidos. Este principio se vincula estrechamente con la proporcionalidad ;

- la autenticidad y la fiabilidad de la prueba obtenida mediante OSINT : se trata aquí de un verdadero reto para el detective. Para que la pruebas obtenidas de une fuente abierta sean admisibles, tendremos que demostrar que la información es auténtica y que no ha sido manipulada. De este modo, la cadena de custodia de las pruebas debe ser claramente documentada para asegurar que no ha habido alteraciones desde su obtención hasta su presentación en el tribunal ;

[Por ejemplo, el uso y la puesta a disposición de tribunales de códigos hash puede ser de gran utilidad para el detective.

Un código hash es una secuencia de caracteres generada a partir de un archivo o conjunto de datos que actúa como una huella digital única : si los datos se modifican, el código hash también cambiará, lo que permite detectar cualquier alteración.]

- la transparencia del proceso de obtención de pruebas mediante OSINT : la metodología de recopilación debe ser transparente y documentada adecuadamente ;

- la pertinencia[18] de la prueba obtenida mediante OSINT : evidentemente, la prueba debe tener una relación directa con los hechos que se están tratando en el proceso judicial. Para que la prueba sea admisible, debe el detective asegurase que las informaciones obtenidas contribuyan de manera significativa a la resolución del caso.

Tras valorar estos criterios de admisión, la jurisprudencia muestra que los tribunales serán sensibles al interés legítimo de las partes, y en particular, a los derechos fundamentales vulnerados en la obtención de la prueba.

En ningún caso los tribunales tolerarían una violación desproporcionada de los derechos fundamentales de las personas investigadas o de terceros impactados por la investigación.

---

18 Los juicios de admisibilidad y de suficiencia de la prueba propuesta : extensión y límites al amparo de la doctrina de los tribunales, 2022, Pedro M. Garciandía González : https://www.iustel.com/v2/revistas/detalle_revista.asp?id_noticia=420614

De hecho, la obtención de pruebas no debe violar desproporcionadamente derechos fundamentales como la privacidad[19], el honor y la intimidad de las personas.

Así que cualquier prueba obtenida mediante la vulneración desproporcionada o desnecesaria de estos derechos será inadmisible según la doctrina de la "fruta del árbol envenenado".

Esta doctrina establece que cualquier prueba obtenida de manera ilegal o mediante la violación de derechos fundamentales es inadmisible en un tribunal.

Además, tampoco serán admisibles las otras pruebas derivadas de una prueba ilegal, como se aplica en la jurisprudencia española conforme al artículo 11.1 de la Ley Orgánica del Poder Judicial (LOPJ)[20] y la Sentencia[21] del Tribunal Constitucional 86/1995, de 6 de junio.

***

---

19 Investigar sin vulnerar el derecho a la privacidad, 2021, Sara Campillo Irles : https://dspace.umh.es/bitstream/11000/26279/1/TFG-Campillo%20Irles%2C%20Sara.pdf

20 https://www.uv.es/ivasp/LOPJ#:~:text=Art%C3%ADculo%2011.&text=No%20surtir%C3%A1n%20efecto%20las%20pruebas,fraude%20de%20ley%20o%20procesal.

21 https://hj.tribunalconstitucional.es/es-ES/Resolucion/Show/2940

II - Aplicaciones prácticas

En esta segunda parte, nos centraremos en las aplicaciones prácticas del OSINT, destacando su versatilidad y utilidad en diversos contextos.

Primeramente, exploraremos cómo el OSINT facilita la **colaboración entre diferentes disciplinas (2.1)**, permitiendo a profesionales de diversos campos trabajar juntos para el desarrollo de técnicas, metodologías y herramientas OSINT.

En seguida, analizaremos la **cooperación de los detectives privados con el Estado y las fuerzas del orden (2.2)** con respecto al OSINT.

Veremos también cómo el OSINT no es solo un conjunto de técnicas, sino una verdadera **forma de pensar (2.3)** que implica también calidades humanas como curiosidad y persistencia.

Luego, comprenderemos cómo la **armonización de metodologías OSINT (2.4)** permite una recolección y análisis de datos más eficientes y coherentes, estableciendo estándares que mejoran la calidad de las investigaciones privadas.

Por fin, examinaremos el rápido **desarrollo de herramientas OSINT (2.5),** antes de focalizarnos en **casos prácticos (2.6)** en los que las técnicas OSINT han sido utilizadas con éxito, ilustrando su impacto y eficacia en resolver investigaciones privadas.

2.1 Colaboración multidisciplinaria

Una simple búsqueda en Internet nos dará una idea de la magnitud del crecimiento exponencial de las comunidades de profesionales (y también de aficionados) en el campo del OSINT.

Por una buena razón, el OSINT interesa a un amplio abanico de profesiones.

Todos los profesionales del Derecho, en particular los abogados, tienen naturalmente interese a las posibilidades y oportunidades de recopilación de pruebas de ofrece el OSINT.

Del mismo modo, otros profesionales trabajan a diario con técnicas OSINT, como los periodistas (sobre todo los de investigación), los consultores de inteligencia empresarial y económica, los comunicadores de empresas y grandes organizaciones y, por supuesto, un gran número de profesionales de la seguridad, tanto pública como privada.

Además, profesionales con conocimientos técnicos útiles para el OSINT, como informáticos y/o hackers éticos, se interesan cada vez más por esta disciplina y ofrecen servicios para empresas de seguridad e investigadores privados.

Por lo tanto, la colaboración multidisciplinaria en el campo de la investigación en fuentes abiertas se ha efectivamente convertido en un aspecto crucial para nosotros investigadores privados : el alcance y la eficacia de la investigación mediante OSINT se expande gracias a una cierta "interprofesionalización".

Esta cooperación es esencial en un campo profesional donde los aspectos tecnológicos son cada vez más complejos, como la recuperación de datos eliminados, el análisis forense digital y la identificación de posibles vulnerabilidades de seguridad.

En ese contexto, las comunidades de "osinteros", como *OSINT and Beers*[22], *Brigada OSINT*[23] y *Osinteros Spain*[24], representan un espacio vital para la colaboración y el intercambio de conocimientos entre estos diversos profesionales.

Estas comunidades facilitan la creación de redes de contacto, la discusión de casos y la actualización en las últimas técnicas y herramientas de OSINT.

A través de plataformas como *Instagram* y *Telegram*, los miembros de estas comunidades pueden compartir experiencias, recursos y apoyo mutuo, fortaleciendo así el trabajo colaborativo en el campo del OSINT.

Teniendo en cuenta el desarrollo de estas comunidades, nos damos cuenta que la colaboración multidisciplinaria y

---

22 https://www.instagram.com/osintandbeers/

23 https://www.instagram.com/brigadaosint/?hl=fr

24 https://t.me/s/OsinterosSpain/123

la interprofesionalización son elementos clave que han potencializado las investigaciones mediante OSINT.

De hecho, la sinergia entre profesionales del Derecho y expertos técnicos permite abordar los desafíos complejos de la inteligencia de fuentes abiertas.

2.2 Colaboración con el Estado y las fuerzas del orden

En España, la relación entre detectives privados y las fuerzas del orden se rige por los artículos 8 $2°^{25}$ y 14^{26}

---

[25] Articulo 8 2° de la LSP : *"Los prestadores de servicios de seguridad privada colaborarán, en todo momento y lugar, con las Fuerzas y Cuerpos de Seguridad, con sujeción a lo que éstas puedan disponer en relación con la ejecución material de sus actividades."*

[26] Artículo 14 de la LSP (Colaboración profesional) :

"1. La especial obligación de colaboración de las empresas de seguridad, los despachos de detectives y el personal de seguridad privada con las Fuerzas y Cuerpos de Seguridad se desarrollará con sujeción al principio de legalidad y se basará exclusivamente en la necesidad de asegurar el buen fin de las actuaciones tendentes a preservar la seguridad pública, garantizándose la debida reserva y confidencialidad cuando sea necesario.

2. Las empresas de seguridad, los despachos de detectives y el personal de seguridad privada deberán comunicar a las Fuerzas y Cuerpos de Seguridad competentes, tan pronto como sea posible, cualesquiera circunstancias o informaciones relevantes para la prevención, el mantenimiento o restablecimiento de la seguridad ciudadana, así como todo hecho delictivo del que tuviesen

de la Ley de Seguridad Privada (LSP), los cuales enfatizan la necesidad de cooperación entre los sectores privado y público.

Además, aunque el primer apartado del artículo 14 de la LSP se refiere a una *"colaboración profesional"*, en realidad se trata de una verdadera <u>obligación</u> para los investigadores privados y, más ampliamente, para todos los profesionales que trabajan en el ámbito de la seguridad privada.

Como [futuros] detectives privados, tenemos entonces la obligación de colaborar con las fuerzas y cuerpos de seguridad publica, comunicando cualquier información relevante en relación con la prevención y mantenimiento de la seguridad ciudadana.

Esta obligación se extiende a la comunicación de hechos delictivos y la puesta a disposición de los presuntos delincuentes y las pruebas relacionadas.

---

conocimiento en el ejercicio de su actividad o funciones, poniendo a su disposición a los presuntos delincuentes, así como los instrumentos, efectos y pruebas relacionadas con los mismos.

3. Las Fuerzas y Cuerpos de Seguridad podrán facilitar al personal de seguridad privada, en el ejercicio de sus funciones, informaciones que faciliten su evaluación de riesgos y consiguiente implementación de medidas de protección. Si estas informaciones contuvieran datos de carácter personal sólo podrán facilitarse en caso de peligro real para la seguridad pública o para evitar la comisión de infracciones penales."

De este modo, toda la información obtenida mediante OSINT por un investigador privado en relación con un delito, y sobre todo los perseguibles de oficio, deberá ser comunicada a las autoridades policiales, más aún si éstas la solicitan explícitamente.

En el contexto actual, la creciente complejidad de las amenazas a la seguridad justifica una acción coordinada más estructurada entre el sector privado y las agencias gubernamentales.

Factores como el aumento de la ciberdelincuencia, el terrorismo y las actividades delictivas transnacionales requieren una colaboración estrecha y eficiente.

El Plan Integral de Colaboración con Seguridad Privada, conocido como *"RED AZUL[27]"*, promovido por la Dirección General de la Policía, es un ejemplo de un proyecto publico que tiene por objetivo mejorar la cooperación entre la policía y la seguridad privada, incluyendo nuestra profesión.

Este programa busca incrementar el flujo de información bidireccional y mejorar la respuesta operativa en las acciones de auxilio y colaboración entre la policía nacional y la seguridad privada, conforme al artículo 8 de la LSP.

---

27 https://www.policia.es/_es/tupolicia_red_azul.php

Los grupos de seguridad privada son los encargados de canalizar esta colaboración entre seguridad pública y privada.

Esta colaboración se materializa mediante varios programas sectoriales, entre los cuales se incluyen <u>programas de gestión</u> (visitas a empresas, creación de grupos de trabajo por áreas, identificación de necesidades formativas e informativas, etc.) y <u>programas operativos</u> (lucha contra el intrusismo, respuesta inmediata a solicitudes de información operativa, intercambio de información sobre hechos delictivos, comunicación e intercambio de información con detectives privados, gestión de bases de datos y control de matrículas, apoyo a operaciones policiales, etc.).

Aunque las tendencias actuales revelan una mayor necesidad de acción coordinada y estructurada entre el sector privado y las agencias gubernamentales, me parece que la efectividad de esta colaboración <u>depende sobre todo de las relaciones personales</u> entre los profesionales de los sectores de seguridad publica y privada.

Por eso, diría que nuestros [futuros] colegas detectives privados que tienen [o tendrán] no solo la motivación por beneficios económicos, sino también por el <u>deseo de dar sentido a su profesión y contribuir a la seguridad pública</u>, desempeñan un papel crucial en esta colaboración.

Esta es la razón por la que muchos miembros de los cuerpos de seguridad publica se están uniendo a las comunidades de "osinteors" antes mencionadas, y por la que muchos investigadores (detectives y otros profesionales) están colaborando cada vez mas con el sector público a favor del desarrollo de técnicas y herramientas OSINT.

2.3 Mas que técnicas, un estado de animo

La recopilación de información a través de técnicas OSINT va más allá de ser simplemente un conjunto de herramientas y métodos.

La metodología OSINT implica una forma de pensar y una mentalidad específica hacia la investigación y el análisis de datos.

Si, como hemos visto anteriormente, la metodología OSINT consiste en una serie de fases estructuradas, cada una de estas etapas no solo requiere habilidades técnicas, sino también un enfoque analítico y crítico que permita identificar e interpretar los datos en su contexto adecuado.

Me parece, de hecho, que la recopilación de información en fuentes abiertas, ya sea en línea o no, requiere un enfoque especifico y un cierto estado de ánimo.

Este enfoque incluye la curiosidad, la persistencia, y una atención meticulosa al detalle.

Es evidente que debemos estar constantemente actualizados con las últimas herramientas y técnicas especializadas, pero sobre todo, debemos ser capaces de pensar críticamente sobre la información que podemos encontrar.

Para que una investigación mediante OSINT sea eficiente, tenemos que buscar información más allá de lo obvio y hacer prueba de persistencia para encontrar datos relevantes.

Creo que esta mentalidad es crucial para superar los desafíos inherentes al hecho de que muchas informaciones encontradas en Internet son efímeras o engañosas.

Por lo tanto, una investigación mediante OSINT dependerá de nuestra capacidad como detective de analizar críticamente la información recopilada : no se trata solamente de recopilar datos, sino de entender su significado y relevancia en un contexto más amplio.

En el ámbito del OSINT, tenemos como investigadores que poder discernir entre información relevante y ruido, correlacionando datos dispares para extraer conclusiones coherentes y útiles.

Por eso, me parecía importante recordar que el OSINT es más que un conjunto de técnicas : es un verdadero estado de ánimo que combina curiosidad, persistencia, ética y análisis crítico.

2.4 Estructuración de metodologías armonizadas

La investigación con herramientas y técnicas OSINT ya ha demostrado su eficacia en los ámbitos de la investigación privada, de la policía, del periodismo y de la inteligencia económica.

El creciente interés por el OSINT llevo a que ésta se convierta en una verdadera disciplina con una metodología estructurada y armonizada entre todos los investigadores cualquiera que sea su campo de especialización.

Por lo tanto, metodologías comunes son utilizadas por investigadores privados para recopilar y analizar información a través de técnicas OSINT.

Dicha armonización me parece esencial para que el OSINT sea consolidada como una verdadera ciencia con técnicas y metodologías estandarizadas.

El proceso de investigación mediante el OSINT sigue una serie de pasos meticulosamente estructurados que garantizan la fiabilidad y la legalidad de la información obtenida.

El proceso OSINT generalmente se desarrolla en seis fases[28] claramente definidas, que tienen por objetivo asegurar una investigación sistemática y eficiente.

---

28 OSINT, ¿Qué es? ¿Para qué sirve?, 2021, Alberto Fonte : https://derechodelared.com/osint/

Estas fases son :

1 – la determinación del objeto de la investigación, que consiste en definir claramente el propósito y los objetivos específicos de la investigación ;

2 – la identificación de fuentes pertinentes. Estas fuentes pueden incluir sitios web, redes sociales, bases de datos públicas, documentos oficiales, entre otros ;

3 – la adquisición de la información, fase en la cual se recopila la información de las fuentes identificadas utilizando diversas técnicas de búsqueda y recopilación de datos ;

4 – el procesamiento de la información recopilada, que se organiza, la cual debe ser filtrada para eliminar datos irrelevantes o redundantes ;

5 – la análisis de la información, fase en la cual se examina la información procesada para identificar patrones, conexiones y tendencias ;

6 – finalmente, la presentación de la información y de los hallazgos en un informe detallado.

Este informe debe documentar toda la información extraída, así como probar la autenticidad de los datos para que puedan ser utilizados como pruebas válidas en un contexto judicial.

Los especialistas del OSINT, la implementación de estas fases asegura que el proceso OSINT no solo sea eficiente, sino también legal y ético.

Solamente de esta manera, las informaciones recopiladas mediante OSINT podrán ser utilizadas legítimamente en un contexto judicial.

Observamos por lo tanto que, en el contexto actual, donde la cantidad de datos disponibles en internet es gigantesca, la clave para una investigación exitosa radica en nuestra capacidad de identificación de información útil y en la verificación de la fiabilidad de las fuentes.

De este modo, la estructuración y la armonización de las metodologías OSINT constituyen un proceso que nos permite recopilar, procesar y analizar información no solo de manera eficiente, pero sobre todo legal.

Me parece también que esta armonización es fundamental para establecer el OSINT como una disciplina legítima y valiosa en el campo de la investigación privada.

2.5 Desarrollo exponencial de herramientas

Con el creciente uso de técnicas de investigación en fuentes abiertas, ha surgido un verdadero mercado de herramientas especializadas en el OSINT.

Esto ha dado lugar a una amplia[29] gama de herramientas y técnicas OSINT disponibles.

Estas herramientas no solo permiten la búsqueda en Internet, sino que también abarcan el monitoreo de redes sociales, el análisis de imágenes y videos, la geolocalización, y muchos otros aspectos críticos.

Sin pretender ser exhaustivos, destacaremos a continuación las principales áreas de investigación en las que se han desarrollado herramientas OSINT.

2.5.1 Herramientas de búsqueda en Internet

La búsqueda en Internet es una de las áreas más fundamentales y utilizadas en OSINT.

Técnicas como *Google Dorking*[30] nos permiten realizar búsquedas avanzadas utilizando operadores específicos para encontrar información que no es fácilmente accesible a través de búsquedas simples.

La investigación mediante *Google Dorking* puede revelar archivos, datos sensibles, y otras informaciones

---

29 Técnicas y herramientas OSINT para la investigación en Internet, 2019, Cecilia Pastorino : https://www.welivesecurity.com/la-es/2019/10/07/tecnicas-herramientas-osint-investigacion-internet/

30 Google Dorking : La técnica de búsqueda que le hace vulnerable, 2024, Rohit Mane : https://geekflare.com/es/google-dorking/

específicas que se encuentran en la web pero que no están protegidas adecuadamente.

A modo de ejemplo, he aquí algunos operadores que nos ayudarán a comprender la eficacia de estas técnicas de búsqueda avanzada :

- "site:" → limita la búsqueda a un dominio específico.

Ejemplo : site:example.com

- "filetype:" → busca archivos de un tipo específico.

Ejemplo : filetype:pdf

- "intitle:" → busca páginas que contienen una palabra específica en el título.

Ejemplo : intitle:"index of"

- "inurl:" → busca páginas que contienen una palabra específica en la URL.

Ejemplo : inurl:admin

- "cache:" → muestra la versión en caché de Google de una página web específica.

Ejemplo : cache:example.com

- "allintext:" → busca páginas que contienen todas las palabras especificadas en el texto.

Ejemplo : allintext:password

- "allintitle:" → busca páginas que contienen todas las palabras especificadas en el título.

Ejemplo : allintitle:login

- "allinurl:" → busca páginas que contienen todas las palabras especificadas en la URL.

Ejemplo : allinurl:php?id=

He aquí algunos ejemplos de uso práctico :

- encontrar documentos confidenciales : "filetype:doc confidential" ;

- buscar páginas de inicio de sesión : "inurl:login intitle:"admin"" ;

- descubrir listas de directorios : "intitle:"index of /"".

Aunque *Google Dorking* es una herramienta poderosa para la búsqueda de información, es crucial usarla de manera ética y legal por la razones explicitadas anteriormente.

Destacaremos que hay muchas fuentes y sitios[31] en Internet que enumeran los operadores de *Google Dorking* útiles para una investigación privada mediante OSINT.

---

31 https://objetivo.news/contenido/369/google-dorks-la-lista-de-comandos-avanzados-de-busqueda

También en relación con las búsquedas en Internet, otra herramienta interesante es *Bing Search API,* [32] que permite a nuestros desarrolladores web integrar capacidades avanzadas de búsqueda de *Bing.*

Se trata entonces de una API que facilita la personalización de consultas y la obtención de resultados relevantes de manera eficiente.

2.5.2 Herramientas de monitoreo de redes sociales

Las técnicas y herramientas de monitoreo de redes sociales nos permiten rastrear y analizar actividades en plataformas como *Facebook, Twitter, Instagram* y *LinkedIn.*

En los últimos años, se han desarrollado varias herramientas específicas que facilitan la recopilación y el análisis de datos de estas redes.

A modo de ejemplo, he aquí algunas herramientas interesantes para el investigador privado :

- *TweetDeck*[33] nos permite monitorear simultáneamente múltiples cuentas de *Twitter* y programar publicaciones y seguir *hashtags* ;

---

32 https://www.microsoft.com/en-us/bing/apis/bing-web-search-api

33 https://create.twitter.com/es/products/tweetdeck

- *CrowdTangle[34]* nos permite analizar la viralidad y el impacto de publicaciones específicas, identificando tendencias y fuentes de información clave ;

- *Hootsuite[35]* nos permite también monitorear de manera centralizada múltiples redes sociales.

Por lo tanto, estas herramientas nos permiten optimizar y facilitar la recopilación y análisis de información en redes sociales.

2.5.3 Herramientas de análisis de imágenes y videos

El análisis de imágenes y videos también son técnicas muy eficaces que nos permiten extraer metadatos, identificar ubicaciones, y analizar contenido visual.

A modo de ejemplo, he aquí algunas herramientas interesantes, también en el contexto de la investigación privada :

- *ExifTool[36]*: nos permite leer, escribir y editar metadatos de archivos de imágenes. Como

---

34 https://www.crowdtangle.com/

35 https://www.hootsuite.com/fr

36 https://exiftool.org/

investigadores, podemos de hecho usarla para obtener detalles como la fecha y hora de la captura, la ubicación geográfica y las características de la cámara utilizada teniendo en vista la autentificación e identificación de imágenes ;

- *InVID*[37] nos ofrece herramientas para verificar la autenticidad de videos permitiendo el análisis de fotogramas clave y metadatos de videos ;

- *Google Reverse Image Search* nos permite buscar imágenes similares en la web para identificar su origen o versiones modificadas.

2.5.4 Herramientas de geolocalización

Primeramente, recordaremos que la geolocalización en OSINT se refiere a la identificación de la ubicación geográfica de personas, eventos o objetos a partir de datos disponibles públicamente.

A modo de ejemplo, he aquí algunas herramientas interesantes relacionadas con la geolocalización OSINT :

---

37 https://www.invid-project.eu/

- *Google Earth*[38], nos permite explorar ubicaciones geográficas detalladas en todo el mundo. Podemos utilizarla para obtener vistas satelitales precisas y detalladas de cualquier lugar ;

- *GeoNames*[39], nos permite acceder a datos precisos sobre la geografía de diferentes regiones, incluyendo detalles sobre la toponimia y la estructura administrativa de los lugares. Después de haber testado esta herramienta, me parece especialmente útil para cruzar referencias geográficas en diferentes bases de datos y para la verificación de la ubicación de eventos o personas.

- *OpenStreetMap*[40], es un verdadero proyecto que crea un mapa editable y gratuito del mundo. Como detectives, podemos utilizar *OpenStreetMap* para obtener mapas detallados y actualizados que pueden ser editados y personalizados según nuestras necesidades específicas.

---

38 https://www.google.com/intl/fr_fr/earth/

39 https://www.geonames.org/

40 https://www.openstreetmap.fr/

2.5.5 Herramientas de análisis de metadatos

En el ámbito de la investigación privada mediante OSINT, la análisis de metadatos nos permite extraer información oculta de archivos digitales, como documentos, imágenes y videos.

También a modo de ejemplo, he aquí algunas herramientas relacionadas con la extracción y análisis metadatos recopilados mediante OSINT :

- *Metagoofil*[41] : nos permite extraer metadatos de documentos disponibles en la web, como nombres de usuario, rutas de archivos y versiones de software ;

- *ExifTool* ya presentada anteriormente y que además de imágenes, también puede analizar metadatos de varios tipos de archivos y proporciona detalles como fechas de creación, modificación y geolocalización, útiles para autenticar documentos y rastrear la procedencia de archivos multimedia.

- *FOCA* : nos permite analizar metadatos de documentos y archivos descargables y descubrir información oculta en archivos como PDF, DOC y PPT. Esta herramienta ayuda a

---

41 https://www.kali.org/tools/metagoofil/

identificar información sensible que podría haberse filtrado inadvertidamente.

Estas herramientas no solo mejoran la precisión y validez de la información obtenida, sino que también ayudan a descubrir detalles ocultos[42] que pueden ser críticos en diversas aplicaciones investigativas.

2.5.6 Herramientas de recuperación de caché y archivos en la web

Existen también varias y valiosas herramientas OSINT que se utilizan para la recuperación de caché y archivos en la web, como por ejemplo :

- *Wayback Machine*[43], una herramienta desarrollada por la asociación *Internet Archive* que permite acceder a versiones archivadas de páginas web ;
- *Google Cache*[44] nos permite ver la versión en caché de una página web almacenada por *Google*.

---

42 Investigación y extracción de datos con técnicas OSINT, 2022, Irene Perrino Navas : https://oa.upm.es/72302/

43 https://wayback-api.archive.org/

44 https://cachedview.com/

Estas herramientas son esenciales para recuperar y verificar información que puede haber sido eliminada o modificada en línea.

2.5.7 Herramientas de análisis de comunicaciones

El análisis de comunicaciones implica la recopilación y análisis de datos de correos electrónicos, foros, y otros medios de comunicación en línea.

También a modo de ejemplo, seguimos con la presentación de algunas herramientas útiles para nosotros los detectives :

- *Maltego*[45] : nos permite realizar análisis de relaciones y conexiones entre entidades, y también visualizar datos de una manera gráfica y detallada ;
- *The Harvester*[46], que fue diseñada para la recopilación de información específica, como correos electrónicos, subdominios, hosts, nombres de empleados, a partir de diversas fuentes públicas en internet.

---

45 https://www.maltego.com/

46 https://github.com/laramies/theHarvester

2.5.8 Herramientas de inteligencia artificial y OSINT

Como en todos los sectores profesionales, las herramientas de inteligencia artificial están transformando la manera de recopilar, analizar y utilizar información de fuentes abiertas.

Algunas herramientas de inteligencia artificial facilitan y aceleran el proceso de investigación mediante OSINT, permitiendo un análisis más profundo y preciso de los datos.

Herramientas como las que presentamos adelante están resultando extremadamente eficaces para los detectives :

- *Scrapy*[47] es una herramienta de *scraping web* que permite automatizar la recopilación de datos de múltiples fuentes en internet. La herramienta utiliza *bots* o *scripts* que navegan por las páginas web, recuperan la información deseada y la almacenan en un formato estructurado, como una hoja de cálculo o una base de datos ;

- *Octoparse*[48] también es una herramienta de *scraping web* que utiliza la inteligencia artificial para configurar y ejecutar tareas de

---

47 https://scrapy.org/

48 https://www.octoparse.fr/

recopilación de datos. Esta herramienta ofrece una interfaz fácil de usar que nos permite configurar *scraping* sin necesidad de conocimientos de programación.

- *IBM Watson Analytics[49]* que utiliza una inteligencia artificial para proporcionar análisis avanzados de datos. Me parece útil para nuestros [futuros] colegas detectives que necesitan analizar grandes conjuntos de datos rápidamente.

- *RapidMiner[50]* es una plataforma de análisis de datos que utiliza técnicas de *machine learning* y minería de datos también para facilitar el análisis predictivo y descriptivo de grandes volúmenes de datos.

- *Google Cloud Vision AI[51]* nos proporciona capacidades avanzadas de reconocimiento de

---

49 https://www.ibm.com/fr-fr/products/planning-analytics?utm_content=SRCWW&p1=Search&p4=43700077340661305&p5=p&p9=58700008489377391&gad_source=1&gclid=CjwKCAjwvvmzBhA2EiwAtHVrbwbZCHaYY5ImlRBfpIbVQLggyVWOnszN7JaZi1i0J0yipCRUvzu4ghoCsBYQAvD_BwE&gclsrc=aw.ds

50 https://altair.com/altair-rapidminer

51 https://cloud.google.com/vision?hl=fr

imágenes, incluyendo detección de objetos y texto ;

- *Amazon Rekognition*[52] también ofrece servicios de reconocimiento de imágenes y videos ;

- *SpaCy*[53] es una biblioteca de procesamiento de lenguaje natural que permite el procesamiento avanzado de textos en varios idiomas y facilita la extracción y análisis de información.

Además, me parece imprescindible hablar de una herramienta de inteligencia artificial especializada en investigación privada y desarrollada por una agencia de detectives privados española especializados en la ciberinvestigación (*Detectivita*).

Se trata de *EustaquIA*[54], una herramienta de inteligencia artificial especializada en asesoramiento legal para investigaciones privadas en España.

De hecho, esta herramienta fue desarrollada para proporcionar interpretaciones y asesoramientos basados sentencias judiciales y en la legislación vigente en España.

---

52 https://aws.amazon.com/fr/rekognition/

53 https://spacy.io/

54 https://detectivia.com/naceeustaquia/

Según la agencia *Detectivia*, la herramienta *EustaquIA* asegura que el uso de detectives privados se realice respetando los derechos del investigado y dentro del marco legal.

Además, la herramienta tiene por objetivo de facilitar el análisis en ciber investigaciones y OSINT, apoyando a abogados y profesionales del Derecho en la obtención y análisis de información pública.

Observamos entonces que la integración de herramientas de inteligencia artificial en el ámbito de OSINT puede proporcionar al detective privado capacidades avanzadas para la recopilación, análisis y uso de información de fuentes abiertas.

Estas herramientas son efectivamente útiles por acelerar el proceso de recopilación de los datos públicos en gran cantidad.

Me parece que al automatizar tareas repetitivas y facilitar el análisis de grandes volúmenes de datos, la inteligencia artificial podría revolucionar la investigación privada mediante OSINT.

Hemos visto entonces que la <u>diversificación</u> de las herramientas OSINT demuestra que esta disciplina abarca mucho más que simples técnicas de búsqueda en Internet.

Desde el monitoreo de redes sociales y el análisis de imágenes y videos hasta la geolocalización y el análisis de metadatos, las herramientas OSINT nos permiten como investigadores privados abordar con mas eficacia.

2.6 Ejemplos concretos

Me parecía muy importante añadir un aspecto extremadamente práctico a este trabajo de fin de grado.

Por eso quise presentar algunos estudios de casos reales donde los investigadores privados han utilizado con éxito técnicas OSINT para resolver sus investigaciones.

Para proteger la identidad de las personas implicadas y de los detectives implicados, los casos prácticos serán presentados de manera totalmente anónima, si no ligeramente modificados.

2.6.1 Recuperación de un documento importante perdido

Un bufete de abogados en Lyon, especializado en el derecho de la economía circular, había incluido una cláusula de indexación de precios en un contrato para uno de sus clientes.

Esta clausula era basada en un estudio oficial y inicialmente publico del gobierno francés sobre el impacto de la *Responsabilité Élargie des Producteurs (REP)*[55] en el sector de la construcción.

---

55 La *Responsabilité Élargie des Producteurs (REP)* es una política ambiental en Francia que obliga a los productores a asumir la responsabilidad del ciclo de vida completo de sus productos, especialmente en cuanto a su gestión al final de su vida útil. Esta

El estudio, que preveía un aumento del 5% en los precios de los materiales de construcción debido a los impuestos de la REP, fue posteriormente declarado confidencial y eliminado de las fuentes oficiales en línea.

Dado que el documento se hizo público en un primer momento, los abogados no conservaran copia del mismo.

Sin embargo, para que la clausula de indexación sea valida, el bufete necesitaba recopilar este documento y llamaron a un detective.

El investigador ha utilizado las siguientes técnicas OSINT :

- utilización de operadores de búsqueda avanzada (*Google Dorks*) para localizar copias del estudio en la web. Operadores como *filetype:pdf, site:.fr*, y *intitle:* fueron empleados para acotar la búsqueda.

- recuperación de caché y versiones archivadas : también se ha buscado versiones en caché del documento utilizando el operador *"cache:"* de

---

política incluye la financiación y organización del reciclaje y eliminación de residuos, incentivando a los productores a diseñar productos más sostenibles y reducir el impacto ambiental. La REP se aplica a diversos sectores, incluidos los productos electrónicos, envases, y materiales de construcción.

Google para encontrar posibles copias almacenadas en servidores. El detective también ha empleado sitios de archivo web como *Wayback Machine* para buscar versiones anteriores del estudio en sitios gubernamentales.

El detective logró encontrar una copia del estudio en un sitio web archivado, que aún estaba accesible a través de la *Wayback Machine*.

Esta copia contenía las previsiones originales del gobierno francés sobre el aumento del 5% en los precios debido a la REP que justificaba la cláusula de indexación de precios.

Las informaciones del documento confirmaron su autenticidad y fecha de publicación.

Con el documento recuperado, el bufete de abogados pudo validar la cláusula de indexación de precios en el contrato de sus clientes, asegurando su legalidad y vigencia.

Este caso demuestra cómo las técnicas de *Google Dorks* y las búsquedas de archivos web pueden ser cruciales para recuperar documentos eliminados o confidenciales.

En este caso, se especificará que la información fue hecha confidencial ilegalmente por el Gobierno francés.

2.6.2 Localización de personas desaparecidas

En su libro *"Profesión Détective[56]"*, Fabrice Braud, un detective privado francés especializado en la búsqueda de personas, describe como ha ayudado a muchas personas nacidas bajo X a encontrar a sus padres biológicos.

Como Fabrice BRAUD, son muchos los detectives especializados en búsqueda por personas que han resuelto casos complejos gracias el uso de técnicas OSINT.

En el curso de mi investigación para este trabajo de fin grado, un detective especializado me habló del siguiente caso.

Una mujer nacida bajo X en los años 70 contactó a un detective para encontrar a su madre biológica.

Con pocos datos iniciales, el detective empleó diversas herramientas OSINT :

- búsqueda en redes sociales : se ha utilizado nombres, apodos y fechas aproximadas en

---

[56]https://www.fnac.com/a15956930/Fabrice-Brault-Profession-detective?oref=00000000-0000-0000-0000-000000000000&Origin=SEA_GOOGLE_PLA_BOOKS&esl-k=google-ads%7Cnx%7Cc%7Cm%7Ck%7Cp%7Ct%7Cdc%7Ca20111491090%7Cg20111491090&gad_source=1&gclid=CjwKCAjwvvmzBhA2EiwAtHVrb6uVuZRaorCfXTXzWoOM68G0zV1we34VV-SGMIgYcoh79Adqt7z-IhoCLYYQAvD_BwE&gclsrc=aw.ds

redes sociales para identificar posibles conexiones familiares.

- análisis de documentos públicos : se ha revisado registros públicos, como anuncios de nacimiento y matrimonios, disponibles en bases de datos online.

- geolocalización : se ha empleado herramientas como *Google Earth* para rastrear direcciones conocidas y observar la evolución de domicilios relacionados con los nombres encontrados.

- contacto con comunidades en línea : se ha participado en foros y grupos de adopción para obtener pistas adicionales y conectar con personas que podrían tener información relevante.

Gracias a las pistas obtenidas y corroboradas mediante OSINT, el detective identificó a la madre biológica de la mujer.

Tras verificar la información y establecer contacto, se facilitó un reencuentro entre la madre y la hija.

2.6.3 Investigación de competencia desleal

Una empresa de software ubicada en Bourg-en-Bresse (Francia) notó una disminución inexplicable en sus ventas y contrató a un detective privado para investigar posibles causas.

Sospechaban que un antiguo empleado, ahora trabajando para un competidor, podría estar involucrado en prácticas de competencia desleal.

El detective utilizó diversas técnicas OSINT para recopilar y analizar información :

- monitoreo de redes sociales : se ha analizado las actividades del ex empleado en *LinkedIn*, descubriendo que había llevado a varios clientes de su antigua empresa a su nuevo empleador.

- recopilación de documentos : se ha utilizado operadores de *Google Dorks* para encontrar documentos internos filtrados en la web que demostraban la transferencia de propiedad intelectual a la nueva empresa.

En este caso, el detective recopiló pruebas suficientes mediante OSINT para demostrar que el ex empleado había cometido actos de competencia desleal.

2.6.4 Localización de activos ocultos

Una empresa financiera sospechaba que un antiguo directivo estaba ocultando activos en Francia mediante una *Société Civile Immobilière* (SCI), una estructura comúnmente utilizada para gestionar bienes inmuebles.

La empresa contrató a un detective privado francés para localizar estos activos ocultos.

En este caso también, el detective utilizó diversas técnicas OSINT para recopilar y analizar información :

- búsqueda en registros públicos : el detective utilizó *Google Dorks* y herramientas de *scraping web* para buscar documentos en registros de propiedades y bases de datos inmobiliarias en Francia.

- análisis de documentos legales : el detective accedió a sitios web gubernamentales y bases de datos de registros públicos como *Pappers*[57] para intentar obtener información sobre SCIs registradas en Francia y revisó estatutos y documentos legales de varias SCIs para identificar la propiedad y administración, buscando nombres asociados al ex directivo.

---

57 https://www.pappers.fr/

- monitoreo de actividades en redes sociales : el detective investigó las actividades del ex directivo y sus asociados en redes sociales como *LinkedIn* y *Facebook*, buscando indicios de propiedades o transacciones inmobiliarias.

- geolocalización y verificación de propiedades : se ha utilizado *Google Earth* y *Street View* para verificar visualmente las propiedades registradas a nombre de las SCIs.

El detective identificó, de hecho, una propiedad registrada a nombre de una SCI que estaba vinculada indirectamente al ex directivo.

El detective presentó un informe detallado que incluía documentos de registros de propiedades y evidencias de redes sociales que conectaban al ex directivo con las propiedades ocultas.

Gracias a esta investigación OSINT, la empresa pudo iniciar acciones legales para recuperar los activos ocultos y sancionar al ex directivo por fraude.

2.6.5 Evaluación de la reputación en línea

Una incubadora de startups em Paris, antes de invertir dinero y recursos en un nuevo emprendedor, ha solicitado un detective privado para que sea realizada una investigación sobre la reputación en línea del candidato.

El objetivo de la incubadora era de asegurarse que los valores y antecedentes del emprendedor estén alineados con sus estándares.

El investigador ha utilizado las siguientes técnicas OSINT :

- monitoreo de redes sociales : se ha utilizado herramientas como *TweetDeck* y *Hootsuite* para rastrear las actividades del emprendedor en redes sociales y se ha analizado publicaciones, comentarios y menciones para evaluar la interacción del emprendedor con su audiencia y detectar cualquier controversia pasada.

- evaluación de contenido en línea : se ha utilizado herramientas de *scraping* para recopilar artículos de noticias y publicaciones en blogs que mencionan al emprendedor con el objetivo de evaluar cómo los medios retratan al emprendedor.

Esta investigación ha revelado que el emprendedor investigado tenia una fuerte presencia en las redes sociales, con interacciones exclusivamente positivas.

Se ha constatado que las reseñas de proyectos anteriores eran en su mayoría favorables y que el emprendedor conservaba relaciones sanas con sus clientes y antiguos socios o colegas de trabajo.

Basándose en esta evaluación de e-reputación, la incubadora decidió proceder con la inversión, confiando en que el emprendedor tenia una reputación sólida y alineada con los valores de la estructura.

2.6.6 Propiedad intelectual robada

Un grupo de bufetes de abogados en el *Barreau de Lyon* había constatado que un consultor jurídico independiente publicaba en redes sociales, con mucha frecuencia, contenidos que coincidían con los artículos de blog, infografías y publicaciones en redes sociales creadas por ellos.

Sospechando de un posible robo de propiedad intelectual, contrataron a un detective privado para investigar.

El investigador ha utilizado las siguientes técnicas OSINT :

- análisis de contenidos : se ha utilizado herramientas de *scraping web* para recolectar y comparar los contenidos publicados por el consultor con los originales creados por los bufetes.

- empleo de *software* de detección de plagio : se ha empleado *Copyscape*[58], una herramienta de

---

58 https://www.copyscape.com/

detección de plagio en línea, para identificar coincidencias exactas y similitudes entre los textos e infografías.

- monitoreo en redes sociales : se ha utilizado herramientas como *Hootsuite* para rastrear las publicaciones en redes sociales del consultor, documentando las fechas y el contenido compartido.

- recopilación de evidencias : se ha recopilado capturas de pantalla, enlaces a publicaciones y análisis detallados, evidencias que fueron recopilados organizadas en un informe oficial.

El detective privado presentó un informe detallado que demostraba que el consultor había efectivamente copiado, de manera idéntica, los contenidos creados por los bufetes de abogados.

El informe ha permitido a los bufetes de abogados presentar una queja formal ante el *bâtonnier* (decano) del *Barreau de Lyon* para intentar una resolución amistosa del litigio, antes de considerar las acciones legales adecuadas.

***

Conclusiones

PRIMERA. - La integración de la metodología OSINT en la investigación privada ha incontestablemente revolucionado nuestra profesión ya que nos permite obtener información de manera más eficiente y respetuosa con los derechos fundamentales.

SEGUNDA. - La metodología OSINT exige un enfoque multidisciplinario, lo que implica la colaboración entre detectives privados y otros profesionales como informáticos y abogados. Esta interprofesionalización enriquece la práctica investigativa y potencia la eficacia de las investigaciones.

TERCERA. - Nuestra responsabilidad como [futuros] detectives privados en la utilización del OSINT es significativa. Debemos asegurarnos de que la información recopilada sea válida, verificable y obtenida de manera ética y legal. No solamente la adherencia a principios legales y deontológicos es crucial para evitar la violación de los derechos fundamentales, pero la información obtenida ilegalmente es inadmisible en procesos judiciales, y su uso puede desacreditar nuestras investigaciones y sus resultados.

CUARTA. - La colaboración entre detectives privados y fuerzas de seguridad es vital para la efectividad de la investigación privada. Como detectives, tenemos la obligación de informar a las autoridades sobre cualquier hallazgo delictivo, incluso los obtenidos mediante OSINT.

QUINTA. - La investigación privada mediante OSINT puede enfrentar cuestiones relacionadas con la gestión de datos confidenciales accesibles en fuentes abiertas. En estes casos, debemos equilibrar el interés legítimo de nuestros clientes con el respeto a la legalidad y la ética profesional.

SEXTA. - El uso de herramientas avanzadas de OSINT, como el análisis de metadatos, la geolocalización y la inteligencia artificial, ha potenciado la capacidad de los detectives privados para resolver casos complejos, donde hay una gran cantidad de información.

SÉPTIMA. - Los ejemplos prácticos de aplicación de OSINT, presentados en este trabajo, ilustran la versatilidad y efectividad de estas técnicas en diversos contextos, como la recuperación de documentos importantes o la localización de personas desaparecidas. Estos casos demuestran cómo el OSINT puede proporcionar soluciones prácticas y efectivas a problemas complejos en la investigación privada.

OCTAVA. - La estructuración y armonización de las metodologías OSINT son fundamentales para consolidar esta disciplina como una ciencia legítima y valiosa. Este proceso de recopilación, análisis y presentación de información asegura que los datos obtenidos sean fiables y utilizables en contextos judiciales.

NOVENA. - La adopción de una mentalidad adecuada me parece esencial para el éxito de la investigación mediante OSINT. Más allá de las técnicas, se requiere calidades humanas como la curiosidad, la persistencia o el análisis. Este estado de ánimo es crucial para discernir entre información útil y ruido.

DÉCIMA. - En resumen, el OSINT representa una evolución significativa en la investigación privada, ofreciendo herramientas y métodos que, cuando se utilizan de manera responsable y ética, potencian nuestra capacidad para obtener información relevante, respetando en la medida del posible los derechos fundamentales de las personas investigadas.

***

Bibliografía

Bujosa Vadell L. M. & Bustamante Rúa M. M. & Toro Garzón L. O., "La prueba digital producto de la vigilancia secreta: obtención, admisibilidad y valoración en el proceso penal en España y Colombia", 2021.

> *Consultado en :*
>
> https://www.redalyc.org/journal/6739/673972089016/html/

Fernández D. J., "Limites legales en la obtención de información de fuentes abiertas", 2021.

> *Consultado en :*
>
> https://www.sec2crime.com/2021/01/17/limites-legales-en-la-obtencion-de-informacion-de-fuentes-abiertas/

Fonte A., "OSINT, ¿Qué es? ¿Para qué sirve?", 2021.

> *Consultado en :*
>
> https://derechodelared.com/osint/

Garciandía González P. M., "Los juicios de admisibilidad y de suficiencia de la prueba propuesta : extensión y límites al amparo de la doctrina de los tribunales", 2022.

Consultado en :

https://www.iustel.com/v2/revistas/detalle_revista.asp?id_noticia=420614

Guarín Echeverri J. H. & López Hincapié J. C. & Maldonado Jaramillo N., "El arte de la guerra aplicado a la administración", 2011.

Consultado en :

https://repository.udem.edu.co/bitstream/handle/11407/415/El%20arte%20de%20la%20guerra%20aplicado%20a%20la%20administraci%F3n.pdf?sequence=1

IUCPOL, "Introducción e historia del OSINT", 2023.

Consultado en :

https://iucpol.com/evolucion-osint-inteligencia-iucpol/

INCIBE, "Google Dorks te ayuda a encontrar información sobre ti en la Red", 2023.

Consultado en :

https://www.incibe.es/ciudadania/blog/google-dorks-te-ayuda-encontrar-informacion-sobre-ti-en-la-red

LISA Institute, "OSINT (Inteligencia de Fuentes Abiertas) : tipos, métodos y salidas profesionales", 2024.

Consultado en :

https://www.lisainstitute.com/blogs/blog/osint-inteligencia-fuentes-abiertas

Luo Qiu A., "La Valoración de la Prueba Electrónica", 2018.

Consultado en :

https://repositorio.comillas.edu/xmlui/bitstream/handle/11531/20814/TFG%20-Luo%20Qiu%2C%20Angela.pdf?sequence=1#:~:text=

Mane R., "Google Dorking : La técnica de búsqueda que le hace vulnerable", 2024.

Consultado en :

https://geekflare.com/es/google-dorking/

Navas I. P., "Investigación y extracción de datos con técnicas OSINT", 2022.

Consultado en :

https://oa.upm.es/72302/

Pastorino C., "Técnicas y herramientas OSINT para la investigación en Internet", 2019.

Consultado en :

https://www.welivesecurity.com/la-es/2019/10/07/tecnicas-herramientas-osint-investigacion-internet/

Rodríguez Y., "Inteligencia de fuentes abiertas (OSINT) : características, debilidades, engaño", 2019.

Consultado en :

https://www.seguridadinternacional.es/?q=es/content/inteligencia-de-fuentes-abiertas-osint-caracter%C3%ADsticas-debilidades-y-enga%C3%B1o